상징과 상상

박노혁 시집

Prologue

 사람들은 누구나 자신을 움직이는 상징들이 있다. 그 상징들은 이미 우리 안에 깊이 내재되어 있어서 그것을 타자화하여 인식하기 어렵다. 그 상징들이 만든 허구의 세계에서 상상의 가치들과 이야기들이 태어난다. 상징들의 무게가 크면 클수록, 존재의 자유는 억압당하고, 그 대신 의미를 얻는다. 상징은 동일한 무게의 반대의 상징을 창조하고, 그 안에서 인간은 상징에 대해 욕망함과 그 반대 상징에 대한 두려움과 공포 속에서 살아간다. 권력과 명예로움의 상징의 그림자에는 무시당함과 수치스러움의 반대 상징이 있고, 부에 대한 욕망함에 대해서는 가난에 대한 절박한 두려움이 있다. 그 압박감에서 벗어나기 위해 상징의 해체를 꿈꾸는 사람들이 있다. 해체는 자유함을 주지만, 무대의 중심에서 벗어난 정체

성의 혼란과, 존재 의미의 상실을 가져오기도 한다.

  가난과 불명예의 상징을 해체하여 그것에 초연하며, 그 가운데서도, 인간의 고결함을 나타내며 살아갈 수 있다면 완전한 인간일 수 있겠지만, 우리는 정신으로만 살 수는 없다. 몸의 허약함과 갈망함을 숨기기에 우리의 정신은 그다지 강하지 않다. 그러면 우리는 어떻게 살아가야 하는가. 나의 시는 이러한 생각의 흐름에서 비롯되었다.

Prologue   2

1부

나이	12
자유와 의미 사이	13
언어 속 공동	14
시공간	16
평행 우주	18
존재의 부피	20
허상의 미로	21
마음	22
눈빛	23
기억의 안개	24
거울	26
안산 자락길가 벤치	27
말	28
그림자	29
일상	30
파동	31
마음속 안개	32

2부

여운	36
증명	37
코페르니쿠스적 전환	38
미세먼지	39
희망	40
삶 밖의 시선	41
인식 이후	42
가을로 향하는 길	44
통증	46
착각	47
목소리	48
나비	49
페르소나 (persona) 1	50
아픈 기억	52
알츠하이머	54
他人과의 화해	55
오후의 단상	56

3부

꽃잎	60
하나의 샘	61
졸업사진	62
1월이 오면	64
모습	65
존재	66
상처	67
대화	68
사랑의 끝	70
선택	71
내 안의 세계	72
하루	75
우베인 다리 아래서	76
이름을 불러주세요	78
비상의 꿈	80
어린 아이	82
기억의 편집	84
오해에 대한 변명	85

4부

뇌	88
어린 나	89
나와의 대화	91
발가락	92
세계	94
관측자의 오류	95
페르소나 (persona) 2	96
우리는 무엇으로 살아가는가	99
존재의 빛	100
양자물리학의 인문학적 해석	101
외로움	102
한 점	103
상징	104
빛 그리고 중력	105
꿈	106
상징과 상상	107
내 속의 샘	108
꽃	109
Epilogue	110

나이

나이가 든다는 것은
제 빛깔이 제대로 물들어 간다는 것이다.
어렴풋하고, 희미했던 것들이
서로를 알아채지 못할 정도로 서로 섞여 있다가.
하염없이 비슷비슷한 날들이
<u>흐르고.</u>
어느 듯 또렷하게 제대로 물들어 버린
서로를 바라보게 되는 것이다.

고립된 섬처럼.
조금씩 다른 길로 갔을 뿐인데
지금은 가 닿을 수 없는 거리를 두고
서로를 마주한다.

시간은 우리에게 서로 다른 빛깔로 물들게 하고,
같이 있어도, 멀리 있어도,
건널 수 없는 강물을
만들어 놓았다.

자유와 의미 사이

상징의 뾰족한 탑들 위에
인간이 위태롭게 서있다.

빛과 어둠의 상징들에
결박된 자유를 찾기 위해, 낙하하는 새를 꿈꾸며,
존재는 날마다 아슬하게 매달린다.

상징의 무게에
존재의 시간은
잠깐의 아침과 긴 밤뿐이다.

정오의 햇살아래
상징의 무게를 벗고
천천히 지나가는 바람의 소리를 들어야 할 때.

자유와 의미 사이에서
존재는 날마다
길을 잃는다.

언어 속 공동

어떤 언어는
잔잔한 호수를 휩쓰는 거친 바람결처럼.
마음을 흔들고,
온 존재를 무너지게 한다.

언어에 일일이 반응하는 나는
언어의 줄에 매달린 인형처럼.
흔들리고 또 흔들린다.

나는 그 언어에 대해 낯설고 싶다.
이방인의 언어인 것처럼.
그냥 스치고 싶다.

어떤 실체도 없는 허구의 언어로 인해
거미줄처럼 옥죄어 오는 감옥.
그 안에서 날갯짓하다 지쳐버린
사람들이 거미줄 사이로 비쳐오는
빛 가득한 하늘을 쳐다본다.

언어와 부딪치지 말고
언어의 몸을 보고 싶다.

단단해 보이지만.
자세히 들여다보면

아무것도 없는 공동.
안개가 되어 사라져 버린다.

시공간

빛이 오기 전.
시공간은 확률로 존재한다.

세계는 빛이 오기 전
활성화되지 않은 프로그램으로 존재하다가.
빛이 오면 그때부터 움직이기 시작한다.

모든 것은 이미 존재하지만
빛이 모든 것을 결정하며 지나간다.

전원이 들어오지 않은 텔레비전처럼.
아무것도 말하지 않는 화면이지만
이미 모든 것을 말할 준비가 되어있다.

모든 것은 이미 존재하지만
빛이 모든 것을 결정하며 지나간다.

평행 우주

살아가는 순간 순간.
허공에 뿌려지는
분수처럼, 생각이 피어난다.

한동안 그 빛깔에 취해
지내다가.

정오의 햇살아래
사라지는 그림자 따라.
스러지는 생각을 무심히 바라본다.

가쁜 숨을 쉬며
시간의 속도를 쫓아가다가.
문득 열차를 놓쳐버린
어린 시절, 간이역이 떠올랐다.
해는 붉게 여울져 사라지고.
마을에 어둠이 스며오면.
산속의 바람들이 내려와.
어슬렁거렸다.

놓쳐버린 열차 속의 세계는
잃어버린 우주다.

열차가 떠난 마을,
가을하늘 아래 연줄처럼 휘어지는
시공간 아래 홀로 남은 나를
열차 속 내가 말없이 바라보고 있다.

존재의 부피

사람은 누구나
자기만의 존재의 부피를 가지고 살아간다.

그 부피를 부풀리기 위해
우리는 얼마나 고단한 날들을 보내고 있는가

상징의 밀폐된 공간 안에서

자신의 부피가 커져 나갈 때,
옆에 있는 존재가 한없이 짓눌리고 있다는 것을
우리는 몰랐을까.

열린 세계를 향해
존재가 맘껏 날개를 펴도록

우리를 가두고 있는 상징의 벽을
허물어야 할 때가 되지는 않았을까.

허상의 미로

우리는 길을 잃어 버렸고.
미로에 갇혀, 시간을 놓쳐버렸다.

지금은 없고
인식만 있다.

사랑은 없고
사람만 있다.

오정의 햇살아래
나를 가리키던 그림자 사라지고
나는 어디에도 없다.

마음

마음의 마을에
사는 사람들과 배경을 이루는 하늘과 바람의 소리는
멈춰진 시간속에 별이 되어 있다.

마음은 늘 내속에서 내가 되려고 욕망하고.
마음과 나의 경계가 희미해지면.
나는 어느덧 마음이 되어
멈춰진 공간속에 갇혀버린다.

마음속 나는
자유를 잃고 의미를 얻는다.

의미가 사는 세상에는
빛이 사라지고.
수많은 빛깔들이 피어 오르고,
서로를 비추며, 간섭한다.

마음의 마을에 비가 내리고,
나는 그 비에 흠뻑 젖는다.

눈빛

바라본다는 것은
눈빛을 보내는 일이다.

우연히 스친 그녀의 눈빛이
온 종일 가슴에서 빛날 때가 있다.

돌아서 가는 그녀의 차가운 눈빛에
온 마음이 얼어붙을 때가 있다.

그 빛은 존재의 중심에서 솟아올라.
아무도 숨길 수 없다.

부디, 나의 눈빛이 가 닿는 곳이
봄 햇살 가득한
꽃밭이 되기를 기도한다.

기억의 안개

기억의 안개 속에서
사람들이 살아간다.

눈을 감으면.
낮은 숲의 새들이 푸드득이며 솟아오르듯.
잠들지 않은 시간 속
사람들의 소리와 배경의 소리들이
피어 오르고,
미처 다독이지 못했던 상처와
후회, 잊지 못할 얼굴들이 아픔이 되어
유영한다.

살아가는 순간순간
이 모든 기억들이 여울진 창 뒤로 비췬
희미한 세상과 사람들을 만나고.
헤어진다.

너의 말과 표정을
투명하게
있는 그대로 듣고 보게 될 때까지

나는 나의 마음속에 내린

이 짙푸른 기억의 안개 속을
얼마나 걸어가야 하는 것일까.

거울

나이가 들어갈수록
거울 앞에 서서
얼굴을 마주할 용기가 사라진다.

감춰지지 않는 복잡한 눈빛과
말할 수 없는 말들을 위해 꼭 다문 입술.

거울 밖의 나를 보는 거울 속의 나

거울 밖의 내가 말하지 않는 것을
거울 속의 내가
조용히 말하고 있다.

안산 자락길가 벤치

여름 한나절
녹음이 흐드러진다.

숲속에서 새소리들이 여기저기서
솟아오른다.

숲에서 나오는 호흡이
나의 호흡과 섞인다.
나는 어느덧 나의 경계를 넘어
숲과 하나가 된다.

숲과 함께 숨을 쉬며. 나는
시간 밖으로 떠난다.

시간의 표면을 본다.
우주의 몸을 본다.

말

그의 무거운 말은 그물처럼 펼쳐져
내 온 존재를 덮었다. 한없이 작아지고 왜곡되는 나
나의 심장의 박동소리는
나를 뒤틀었다 놓았다 반복한다.

그의 말, 한마디,
한마디에서
뿜어 나오는
강한 자기장에
내가 사는 세상의 언어와 모든 존재가
갈 길을 잃고,
허둥대기 시작한다.

흐려지고, 비틀거리는
세상의 중심에
그의 말이
키 큰 전봇대처럼 우뚝 서 있다.

그림자

누군가 불러주는
당신의 이름은

당신의 이름이 아니라.
당신의 그림자의 이름이다.

해가 떠서 지고, 어둠이 찾아올 때까지
당신의 그림자는 날마다 다른 얼굴이다.

우리가 볼 수 있고 느낄 수 있는 것은
그림자일 뿐
실체는
늘 태양의 세계 너머에 있다.

일상

일상은 비슷하지만
날마다 다른 빛깔이다.

어제의 나의 몸이 오늘 나의 몸과 같지 않다.
나의 몸을 둘러싸고 있는 공기와 햇살도 어제의 것과는 다르다.
어제의 내가 오늘의 나와 같은 존재라는 것도 증명하기 어렵다.

날마다 조금씩 다른 존재가
기억의 바통을 받아 달리고 있는지도 모른다

세상의 모든 것들은 시간과 함께
이동하고 있다.

정지된 것은 이 순간에 여기 없다.

변하는 것을 바라본다.
고로 나는 존재한다.

파동

사람은 서로 다른 파동을 가지고 살아간다.

가만히 있어도,
멀리 있어도

그를 떠올리면.
그와 연결된다.

이른 새벽 그의 간절한 기도가
내 마음속에 울릴 때가 있다.

누구나 파동을 가지고 살아간다.

그래서
여기에 있어도.
거기에 있다.
이 순간에 있어도.
그 순간에 있다.

마음속 안개

마음에 스미어 있는
소음들이 있다.
지워지지 않는 흔적 같은
잔상들이 있다.

여울진 창 너머
세상을 보듯
마음의 부유물들 너머로
너를 본다.
흐려진 너
안개속을 거니는 것처럼.
너와 나 사이에
끊임없이 스며드는
기억의 오류.

눈을 감고
있으면 소리들이
잔상들이 바람처럼
몰려다니며 희뿌연
먼지를 만든다.

너와 나 사이

엉킨 감정의 타래를
풀어,
선명하게,
다시 너를 만나고 싶다.

여운

여운이 있는 사람이 있다.

잠깐 함께였던 사람이라도.
그가 뿜어낸 밝은 기운이
한동안 삶의 자리에 머물고 있을 때가 있다.

기억의 마디 마디에서
피어나는 그의 향기

원인불명의 불안이 밀려와
깊은 허상의 바다에 속절없이 잠길 때에도.
그의 얼굴을 생각하면
멈춰 섰던 시간은 다시 흐르고,
마음은 따뜻해진다.

그가 남긴 여운만으로도
한평생, 따뜻하게 보내는 사람이 있다.

증명

일상은 반복되고.
탈출을 꿈꾸며.
견고한 시공간 밖으로부터
새어 들어오는 빛을 기다린다.

갇혀버린 세계.
시공간의 한 점에서
한 점으로 조심스럽게 이동하며.
어디로 가는지, 어디에 있는지 알 수 없다.

앞으로 진행하고 있다는 것도 신념에 가까운 착각일 뿐.
방향성이 없을지도 모른다는 예상이
우주의 먼 지점에서 바라보면
어쩌면 더 맞을지도 모른다.

변화하는 것만 사실일 뿐
변화과정에 있는 점들이
모두 같은 점들이 아니듯
어제의 내가 오늘의 나와 같은 존재라는 것도
증명하기 어렵다.

코페르니쿠스적 전환

죽음은
이 세상에서 내가 사라지는 것이 아니라.

내가 살아왔던 세계가
내게서 꿈처럼 사라지는 것이다.

미세먼지

미세먼지 자욱한 도시는
숨을 죽였다.
둔탁한 공기가.
사람들 사이에 벽을 만들어 놓았다.
전자파로 소식을 전하며
캡슐 속에서 서로의 안부를 묻는다.

오염된 수족관 속

거친 숨을 몰아 쉬는 금붕어들처럼.
목을 내밀고
점령군들이 소리 없이 떠나가기만을 기다린다.

희망

동면의 시간은 길었다.
멀리 반짝이는 우주의 별처럼.
아득한 희망을 위해
캡슐 속에서 웅크린 애벌레처럼
숨만 쉬며 살았다.

그곳에 가면 있을 희망은
왜 이곳에는 없는 것일까.
시간 너머, 무의 심연이 아찔하게 있을지도 모르면서
왜 그곳에 희망이 있다고 하는 소문에 우리의 의식은
마비되어 버리는 것일까.

지금 껍질을 벗고, 속살을 스치는
따스한 햇살을 맞이할 용기를 낼 수 있다면.
무표정의 회갈색 얼굴에
햇살 같은 미소를 지을 용기를 낼 수 있다면.
닫힌 마음의 문을 열고.
빛 가득한 세상을 향해 나아갈 용기를 낼 수 있다면.

먼 우주, 헤아릴 수 없는 시간 너머의 반짝이는 별이
이미 내 가슴속에서 빛나기 시작할지도 모르는 일이다.

삶 밖의 시선

삶은 이미 완성되어 있는 것일까.
우리에게 끝 모르는 시간이
우리 밖의 어떤 존재에게는 이미
완성된 하나의 시공간면으로 존재한다면.
길은 사물의 결이 되고
삶은 얽혀 있는 무늬의 일부라면

우리는 어떻게 삶을 살아가야 하는가.
연신 우리를 미행했던 카메라의 렌즈를 찾은
닫힌 세계 속의 생명체처럼…

인식 이후

정처 없는 바람이었거나
시냇물 졸졸 흐르는 마을의 낮은 담자락을 따라
피어난 나팔꽃에 스미는 햇살이었거나.
옥빛 하늘의 한 모퉁이에 노니는 어린 구름이었거나.

너에게 발견되기 전에는
나는 어떤 이름으로도 존재하지 않았다.

너에게 인식되면서
우주의 카오스에서 방출되어 나온 한 입자가 되었다.

유일하게 증명 가능한 존재인 나에게
빛을 보내던 입자가
어느덧 말이 되고 몸짓이 되고, 눈물이 되고
사랑이 되었다.

가을로 향하는 길

가을로 향하는 길을 가다.
불타는 숲, 허허로이 흩날리는 작은 불꽃들.
아직 심장이 멎지 않은 땅 위에 내려 앉은 가여운 불씨들.

시간의 끝에서 낙하하다.
존재는 가벼워지고, 한여름 이글거리던 욕망도 연기처럼 사라졌다.
아름다운 이별을 따로 준비한 것은 아니다.
시린 햇살과 바람의 길을 따라 일제히 먼 길 떠나는 아침.
비어가는 가지들이 흔들리며 흐느낀다.

가랑잎 지다.
우주가 처음 시작된 지점에서 온 한 점의 빛.
시공간의 왜곡을 뚫고, 아슬하게 도착한 그 빛에
실려 다시 우주의 한 점으로 돌아간다.

가을로 향하는 길을 가다.
삶과 죽음 사이에 깊고 어두운 계곡이 있을 것이라는
아픈 전설이 사라지고,
삶과 죽음이 찬란한 빛 속에 단단하게 이어져 갈 거라는
어렴풋한 예감이 빛처럼 스쳐간다.

가을로 향하는 길 위에
아직 심장이 멎지 않은 불씨들이
옹기종기 모여서, 서로의 온기를 나누고 있다.

통증

통증이 안개처럼 사라지면
나는 멍에에서 풀려난 어린 소처럼.
내가 가보고 싶던 길을 걸어가고,
내가 보고 싶던 하늘을 향해 고개를 든다.

통증이 가둔 세계.
그 깊고, 짙은 어둠 속
의식은 빛을 잃고,
흐릿하게 가물거리면.
세상도 딱 그만큼만 어둑하게 보였다. 사라졌다 한다.

통증이 사라지면
안 보였던 눈이 뜨인 것처럼.
새로운 세상이 나타난다.
찌그러져 보였던 것들이 다시 제 모습을 찾는다.

그리고 미안하다 사랑한다고.
그에게 말하고 싶어진다.

착각

사람들은 서로 다른 세상을 살면서,
마치 함께 사는 듯 착각하며 살아간다.

내가 사는 세상에 있는 너는
나의 시선에 비쳐진,
나의 상상 속에서 만들어진 허상일 뿐
너의 실체가 아님을 알면서도.
허상에다가 분노하고.
허상에다가 눈물 흘린다.

너의 생각 속에
너의 기억의 우물 속에
비쳐진 나를
나는 어떻게 할 수 없다.
나와 무관하게 그는 너에게 나로 있다.

그를 용서하라고 할 용기는 없다.
그가 내가 아니라고
말하여도. 너는 그를 지우지 못할 것이다.
그가 떠난 세상을, 그와 함께했던 오랜 기억을
착각이라고 말할 용기를 내지 못할 것이기 때문에…

목소리

사람의 목소리에는
나름의 모양과 빛깔이 있다.

목소리에서
그 사람이 살고 있는 세상의 공기가
흘러나온다.

목소리에서
그 사람이 살고 있는 세상의 빛깔이
묻어져 나온다.

사람의 목소리에서
그 사람이 살아가는 세상을 본다.
그 사람이 보고 있는 세상을 본다.

나비

그대의 결이 아주 오랫동안 내 안에서 아프게 마찰했다.
찢어질 듯 비명을 지르면서도 왜 우리는 이렇게 서로를 마주보고 걸어가고 있었을까.
더 이상 다가서면 마음이 찌그러지고 존재가 돌이킬 수 없는 변형을 일으킬 줄도 모른다는
위기감을 알아챈 후에도 겁도 없이 서로의 거리는 지켜지지 않았다.

나의 결이 너의 결에 드디어는 부셔져, 안개성처럼 흩어져 버리면
온전히 너의 결을 느낀다. 너의 숨결을 느낀다.
숨결 속에 못 다한 말과 뜨겁고 무거운 너의 아픔이 그대로 전해져 온다.

너로 인해 나의 껍질이 하염없이 허물어져,
껍질 속, 숨어있던 날개가 세상을 향해 펴졌을 때,
나의 견고했던 결이 내가 깨고 나가야 할 껍질인 것을 비로소 알게 되었다.

페르소나 (persona) 1

네가 알고 있는 나와.
내가 알고 있는 나는 서로 다른 사람이다.

네가 사랑하는 나와
내가 알고 있는 나는 서로 다른 사람이다.

네가 있는 별에서
살고 있는 나는
네가 만든 나일 뿐
나는 너의 별, 어디에도 없다.

네가 사랑하는 나가 되기 위해
내가 알고 있는 내가 가면을 쓰고,
날마다 너의 생각을 읽으려 애를 쓴다.

내가 알고 있는 내가, 너에게 상처를
주지 않으려
날마다 너의 눈과 입의 작은 움직임에도
예민하게 반응한다.

그러나
내가 알고 있는 나 또한

진정한 내가 아니다.

내가 알고 있는 나와
네가 알고 있는 나 사이에
갈등하는 나는

또 누구일까.

아픈 기억

강물 위로 비 내린다.

물의 표면을 따라 유영하는 물고기들이 행복한 호흡을 한다.
우산을 내려 들고 한참을 빗속을 걷는다.
빗물 속에 여울지는 기억들. 지나간 순간들은 빗물에 젖어
강물 속으로 번진다.
마침내, 마음속 지워지지 않는 상처에서 붉은 핏물이 솟아오르고
독하게 참았던 울음이 뜨거운 눈물이 되어 흘러내린다.

빗물 속에서 너를 떠나 보낸다.

내 마음속 네가 살았던 별이 지고,
운명처럼 나를 이끌던 그 별의 중력이 조금씩 약해져
내가 너의 별을 떠나 너의 너머에서 너의 모습을 바라볼 수 있을 즈음.

초점 없이 하늘로 올라가는 빨간 풍선들처럼
빗물 속을 거슬러 올라가는

행복한 물고기들의 비상을
물안개 속에서 환영처럼 바라본다.

알츠하이머

기억이 사라지면
아무런 무게도 없는 한 점 바람이 되어라.

일상의 바닥에 깊이 내렸던 견고했던 뿌리들이
정작은 언제 지워질지 모르는 아슬한 기억들이었음을 깨닫는 아침.

살아가는 순간들은 부질없어라.
기억의 강물이 메말라가면
하늘도 흐려지고,
사람들의 얼굴도 희미해지고.
나도 희미해지고.

비 뿌린 창문으로 여울지는 마당의 풍경
하늘도, 구름도, 장독도 경계 없이 허물어지는 아침.
너와 나 사이 거리도,
아스라해지는 아침.

他人과의 화해

세상에 他人은 없다.
물위에 비쳐진 자신의 파편들을 他人으로 착각하고
살아갈 뿐이다.

내 속에서 단절되어,
길을 잃고 만, 상처 난 나의 조각들이
물위에 떠다닌다.
혹 별빛에 부딪히거나 바람결에 출렁이면
슬프게 빛나는 편린이 되어 피어 오른다.

온전하게 나였던 적이 있었던가.
과거와 미래만 있고
텅 비어 있는 현재를 살고 있지는 않았던가.

마음속, 他人이 사라지면.
세상은 투명해진다.
안개 무성한 세상의 한 모퉁이에
외로이 선 나무, 가지를 펼친다.

오후의 단상

그때는
내가 나무라고 생각했다.
푸르른 이파리들을 무성하게 거느리고,
영원히 흔들리지 않을 깊은 뿌리를 가지고 세상의 모든 빛을 받아들였다.

시간이 흘러
나는 나무의 무수한 가지 중의 하나가 된 외로움을 느꼈다.
수많은 나를 닮은, 그러나 결국은 다른 가지들이 하나의 줄기에서
깊은 한숨을 쉬며 매달려 있다는 것을 서로의 얼굴을 보면서 알게 되었다.

더 시간이 흘러
나는 가지에 매달린 이파리가 된 나를 보았다.
하나의 가지에 나를 닮은 그러나 서로를 알아챌 정도의 다름을 가지고
무수히 매달려 있는 이파리들 중에 하나가 되어 있는 나를 보았다.

그리고 좀더 시간이 흘러

노랗게 단장을 한 이파리들이,
가벼운 작별 인사를 하고
펄 펄 펄 흩어지는
겨울이 오리라는 직감을 하기 시작한 무렵.

나는 다시 나무의 가지를 거쳐.
줄기를 거쳐
뿌리로 돌아가는 나를 보았다.

3부

꽃잎

꽃잎이 졌다.
마른 바람에 흩어진
꽃잎의 엷은 향기

꽃잎이 져도 꽃자리는 다시
꽃잎을 피울 것이다.

사람이 간 자리에도
사람은 다시 올 것이다.

형상은 변하여도
생명은 영원하다.

하나의 샘

이 바람이 어디서 불어오는지,
내 머리에 내려 앉은 햇살은 누구의 이마를 스치고
온 것인지
내 곁에 서있는 나무가 언제부터 여기 있었는지
묻지 않는 것처럼.
그대도 누군가에게 다만 존재하는 것이다.

존재가 의미가 되고
사랑이 되고.
때론 눈물이 되는 것은
홀로 서있는 서로를 마주볼 때이다.

너와 나 경계, 허물어지고
서로 다른 온도와 빛깔을 가진 마음의 강물이
서로에게 흘러서.
명징하게 빛나는 잔잔한 호수가 되면
그때는 알리라.
존재하는 모든 것들이
하나의 샘에서 물을 길어 올린다는 것을…

졸업사진

오래된 사진에는
지나온 세월만큼의 무게가 있다.
겹겹이 쌓인 기억들의 능선을 넘어 때론 마주하고 싶지 않은 망각 속
아픈 신경들의 지뢰도 건드리며, 마침내 마주한
25년 전 나는, 사진 밖의 나를 슬프게 바라보고 있다.

그때, 지금의 내가, 시간의 저편에서
너무도 푸르러서, 슬펐던 나를 보았을까.
언뜻언뜻 나를 이끌던 나의 시선들은, 그때 내가 살았던 세상의 바깥에서,
불어온 바람처럼, 신비롭게 나를 감싸고 있는 듯했었다.

살아가는 시간들은 선으로 이어져 가지만.
지나간 시간은 파편으로 부서져 흑백의 사진으로 기억된다.

25년 전, 사랑하기에 좋았던 시절에
사랑이 서툴러서, 그대 앞을 지나기에도
가슴이 벅차, 엇갈리기만 했던 날들을 기억한다.
플라타너스 나무 아래
봄 햇살이 유난히 따스했던 날, 빛나게 부서졌던 비눗방

울 같은 너의 웃음을 추억한다.
너무 푸르러서, 너무 눈부셔서,
마주할 수 없었던 너를 그리워한다.

25년 후
많은 것들을 떠나 보냈지만
시간의 흐름 속에 차마 흘러 보낼 수 없어
가슴속에 꼭꼭 간직하고 있었던
너를 이제 마주한다.

25년 전 나는, 지금의 나를 응원하고 있을 것이다.

1월이 오면

시간에 매듭을 만드는 것은
시간의 흐름을 붙잡아 두고 싶은 간절한 마음 때문일까.

그 습관 속에서
사람들은 추억한다.
우주 속 걷잡을 수 없이 흐르는 시간의 어느 지점을…

기억 속에서 불을 지피고,
가슴으로 온기를 불어넣어
따뜻한 사람들과 행복했던 순간을
흐름의 언저리에 흐르지 않는 별을 만들어
가슴속에 간직한다.

1월이 오면
분분했던 아픔과 슬픔을 지워
떠나온
고향을 다시 그리워한다.
1월이 오면
분분했던 아픔과 슬픔을 지워
떠나온
고향을 다시 그리워한다.

모습

자기를 바라본 사람이 있을까.

안에서, 또는 밖에서 바라본 나의 모습은
내가 아니다.
내가 본 나와 타인이 만든 나도 내가 아니다.
빛 아래 선 나무처럼.
시간에 따라 변하는 빛깔과 향기.

실체는 다만 존재할 뿐
인식되지 않는다.

존재는 시간과 함께 흐를 때
가장 아름답다.

존재

존재하는 것은 모두 색깔과 결을 가지고 있다.

이 세상에 투명한 사람은 없다.

누군가에게 상처를 주지 않기 위해
소리 죽이고, 귀 막고 산다 해도
그마저도 누군가를 가슴 시리도록 외롭게 한다.

가만히 있어도, 우리는 누군가에게 이미 의미가 되어 있다.
멀리 있어도, 가까이 있어도.
아무 말하지 않아도, 아무 표정 짓지 않아도.
벌써 우리는 누군가에게 말하고 있다.

상처

가장 많이 상처 준 사람이
내 안에 가장 많이 존재한다.

피할 수 없이 많은 가지와 잎사귀들을 늘어뜨리고,
내 안에서 아프게 뿌리내린 사람.

그의 그림자, 내 눈가에 드리워져.
그가 내 앞에 없어도.
그가 없는 날은 하루도 없다.

그가 던진 무성한 언어들이
독기를 품고, 날카롭게
흩어져 내리는 밤.

그가 없는 기나긴 밤
그로 인해 아프다.

대화

날마다. 마주 앉거나, 옆모습을 보거나.
되돌아서 가는 모습을 보며.
말을 나누는 이가 있다.

때로는 환한 얼굴로,
때로는 무표정한 얼굴로
때로는 영문 모를 화를 내며.
그와 대화를 한다.

누군가를 만나지 않아도,
날마다 내 앞에 와있는 사람.
내 앞에서 끊임없이 말을 거는 사람.
이 세상에서 가장 많이 만나고,
가장 오랫동안 만나는 사람.

그로 인해 날마다 기분이 달라지고
세상의 풍경이 달라 보이는
내 속에서 나에게 말을 걸어오는 나.

사람은 자기와 가장 많은 대화를 하고,
감정을 나누고,
어쩔 수 없는 사랑을 한다.

샘물처럼 솟아오르는 나의 소리에
나는 날마다 대답한다.
대답은 나의 삶이 되고,
나의 결이 되어 간다.

사랑의 끝

나 그대로 인해
피어 오른 붉은 꽃잎.
그대의 따뜻한 미소로 부풀러 올라.
진한 향기를 내뿜는다.

내 안의 그대가 떠나는 것은
뜨거운 핏물이 빠져나가는 아픔.

그대 마음, 떠나버린 날
붉은 꽃물을 뚝뚝 흘리며.
나는
하얗게 사그라든다.

그대, 나로 인해
피어 오른 꽃잎.
나를 떠나 보낸 그대의
눈가에 이슬.
그대의 뒷모습 한없이 작아져 있다.

선택

살아간다는 것은
늘 하나를 선택하게 한다.
선택된 세계 위로 내리는 빛
그리고 선택하지 않은 세계는 어둠 속에 싸인다.
깜깜한 우주 속 별빛이 만든 길 위를
걸어 가는 위태로움.

존재하는 것과 인식하는 것의 부조화.

선택되지 않은 세계는 인식되지 않고,
인식되지 않는 세계는 존재하지 않는다.
선택된 세계는 선택되지 않은 세계의 어둠으로 인해
왜곡되고 변형된다.

우리가 살아가는 세상은
존재하지 않는 세상인지도 모른다.
다만 우리 안에 각인된
오래된 기억의 한 자락일 뿐일지도 모른다.

내 안의 세계

그에게,
전화를 할까.
메시지를 보낼까
주저하는 손가락이, 주저하는 내 마음 같아. 한참을 바라보고 있었다.
키 큰 나무 앞에 선 어린 아이처럼
내가 만든 그의 허상에, 나는 한 발자국도 나아가지 못했다.

의식의 불빛 아래에는 실체의 그림자만 웅성거리고.
반짝이는 빛깔들의 환상 속에 나의 감각들은 치열하게 세상을 그려냈다.
그래서 세상은 나의 속에서만 존재하였고, 나는 그 세상 속의 중심에 늘 존재하였다.

누구나가 세상의 중심이 된다는 것은,
그 세상이 실체가 아닐 수 있겠다는 의심이
든 어느 오후에, 세상 밖의 푸른 바람이 내 곁을 스쳐지는 가는 것을 느꼈다.

전화를 할까
메시지를 보낼까 하다가.

주저하는 손가락이 내 안에,
내가 사는 세계가 있다는 것을 가리키고 있음을 알게 되었다.

존재하는 것은 바라보는 것이다.
변하는 모든 것들을 바라보는 힘이 있을 때
나는 깨어 있는 것이다.

하루

감기 걸려 하루 종일 집안에 있다.
하루 해를 하루 종일 창문너머로 힐끗 할긋 바라보다가.
옥상에 올라가 희뿌연 공기 속에 숨은 해를 한없이 바라보았다.
하루라는 시간을 온전히 혼자 있었다.

혼자만의 하루 속에
빛의 농도와 각도에 따라 조금씩 달라지는
일상의 것들을 아무런 생각의 여과 없이 바라보았다.
그 바라봄 속에, 내가 존재한다는 것을 잊고 지냈다는 것을 느낀다.
존재하는 것은 바라보는 것이다.
변하는 모든 것들을 바라보는 힘이 있을 때
나는 깨어 있는 것이다.

감기 걸려 하루 종일 집안에 있다.
가래와 기침을 뱉어내다가.
해가 지고
내가 바라본 하루는 영원의 시간 속으로 사라져가고 있다.

우베인 다리* 아래서

해가 하늘빛 속으로 스며들며,
사람들의 마을로 붉은 불길이 되어 밀려온다.
풀잎, 오래된 나무, 집과 굴뚝과 사람들의 얼굴 속으로 햇빛이 물든다.

호수를 건너는 나이 많은 목조 다리가 붉은 해 아래 유유히 서 있다.
호수는 바다로 가는 길을 이미 잊어버렸고,
물위를 다니던 배들도 이젠 나이를 먹었다.

시간을 거슬러, 낯선 도시의 사람들이 호수가로 잦아들고.
정체된 그림 속에 새로운 빛이 꿈틀대는 듯,
견고한 일상의 지평이 넘실거리기 시작했다.
다른 시간과 공간의 아픈 기억을 가진 사람들이
갑자기 느려진 시간과 공간 속에서,
공기와 햇살을 맞으며, 한동안씩 말없이 서있다.

마음속, 시간의 속도를 늦추는 연습.
가슴속에 시한폭탄처럼 재촉하는 정체 모를
소리들을 지우는 연습.
내 속에서 나를 움직이던 오래된 상처들과 마주하

기 연습.
마음의 부유물들을 가라앉히는 연습을 하며.
오래된 다리 아래에 서서
바람 흐르는 소리에 귀를 기울이고 있다.

    * 미얀마 만델레이에 있는 약 250년된 오래된 목조 다리.

이름을 불러주세요

이름을 불러주세요.
따뜻한 눈빛으로 그에게 이름을 불러주세요.
침침한 어둠 속에 어른거리는 그림자들을
더 이상 피하거나 외면하지 말고.
그들을 정면으로 바라보고.
이름을 불러 주세요.

당신의 무의식 속, 당신이 외면하고픈
아픈 마음들이
더 이상 포효하는 짐승들처럼,
외롭게, 당신의 집 앞을 서성이지 않도록.
그들을 정면으로 바라보고, 그에게 이름을 불러주세요.

오래된 슬픔, 아직 핏기 마르지 않은 상처, 존재를 부정당하고 주저앉고 만
당신의 한 순간이, 시간 속에 고이 잠들지 못하고,
당신이 잠든 밤, 문득 문득
손을 내밀어 의식의 표면을 두드릴 때, 그들의 손을 따뜻하게 잡아주세요.
그들이 들썩일 때마다. 마음 한구석 바람이 지나간 듯 허허로운 아침을 기억하시고,

이제 그들의 눈물을 닦아주세요.

이름을 불러 주세요.
무의식의 차가운 바닥 위에 주저앉아 우는, 당신으로부터 외면당한 당신의 시간들을, 이제 새처럼 하늘로 풀어주세요. 이름을 불러 그들을 놓아주세요.

많이 아팠던 나의 것들이, 이제 내가 되지 못하도록, 그들이 떠날 수 있게. 그들의 이름을 불러주세요.

비상의 꿈

가파른 일상의 끝을 예감하다가
비상을 생각했다.
발을 현재의 시간에서 떼는 명상과 연습을 반복하다가
하늘을 나는 꿈도 꾸었다.

한 공간에서 시간이 다르게 흐르는 사람들과 있는 것보다.
다른 공간에 있어도 하나의 시간을 가진 사람이 오히려 반갑고 그리웠다.
모든 존재하는 것들은 서로의 손을 잡고 있을 때야 비로소 빛을 낸다.

빛을 안고, 비상하고 싶다.
중력처럼, 일상의 수레가 가는 비탈진 길을
벗어나, 시간과 공간의 벽이 사라진 곳으로
은빛 광택의 날개를 달고, 떠나고 싶다.

시간과 공간의 벽이 사라진 곳으로
은빛 광택의 날개를 달고, 떠나고 싶다.

어린 아이

내 안에 우는 아이가 하나 있다.

시간이 정지된 곳, 모든 배경이 숨을 죽인
유리알 속에 갇혀 있다.
그의 작은 신음과 떨림이
우주 속으로 번져 나가는 신호가 되어
어느 듯 가슴에 와 닿으면.
알 수 없는 먹먹함으로 하루를 시작한다.

내 안에 겁먹은 아이가 하나 있다.
그를 두고 도망치듯 너무나 많은 길을 걸어왔다.
그를 잊은 듯했지만.
내 안에서 공명하는 그 아이의 울음소리.
그 아이는 현재에도 살아서.
구해달라고 신호를 보낸다.

유년의 한 찰나.
지워지지 않는 시린 기억 속에서
미처 빠져나오지 못한 어린 나에게
따뜻한 손을 내밀어 그를 부른다.
그를 안고 다시 시간이 흐르는 곳으로
빛을 따라 걸어 나오면

유리알 속의 짙은 어둠의 세계는
연기처럼 사라지고.

그 아이도. 푸른 바람이 되어 사라졌다.

기억의 편집

모든 기억은 편집된다.
지워지고 돋우어져, 마침내 기억은
삶의 빛깔 속으로 스며든다.

살아가는 순간들은
있는 그대로 남아 있지 않고
편집되어 의미가 되고, 추억이 된다.

사람은 기억 속에서
차마 다하지 못했던 말을 하고,
부르지 못했던 이름을 부른다.

그래서 기억은
나의 이야기가 아니라,
내가 하고 싶은 이야기가 된다.

오해에 대한 변명

말을 할 수 있을까.
생기를 잃은 말들이 머릿속에서만 맴돌고
출구를 찾지 못한 새장 속의 새들처럼
끝내 주저앉고 만다.

나의 생각 속에서
너는 얼어붙은 빙하처럼
거대한 벽이다.
나의 언어는 날갯짓할 엄두조차 내지 못하고
참새들처럼 길바닥에 내려앉는다.

마음속에 웅크린 말들은
서로의 눈을 바라보며.
눈물을 흘리고 있다.

나는 변명을 접어
사랑이 될 때까지
기다리기로 한다.

4부

뇌

뇌는 세상을 받아들이는 창이다.

세상이 슬퍼 보이는 것은 뇌가 슬픈 까닭이다.
세상의 소리들이 블랙홀 같은 뇌에 빨려 들어, 하나의 명징한 소리로 울리는 것은
뇌가 너에게 말하고 싶은 소리일 뿐 세상의 소리는 아니다.
눈부신 세상 속을 걸으며, 눈물을 흘리는 것은
세상이 슬퍼서가 아니라 뇌가 슬픈 까닭이다.

세상은 우리에게 말을 걸거나, 눈길을 보내지 않고, 있는 모습 그대로
다만 존재할 뿐이기 때문이다.

세상이 슬퍼 보일 때.
뇌에게 따뜻한 말로 위로해보라.
세상은 또 다른 빛깔로 그대에게 다가오리라.

어린 나

삶의 어느 순간
성장이 멈춰버린 수많은 어린 나들이
벌써 어른이 되어버린 나 속에 숨어 있다.

벌써 잊었다고 생각했던, 말과 어떤 얼굴들의 그림자들이
두려움에 떨고 있는 어린 나를 불러내면,
나는 알 수 없는 어둠 속으로 빨려 들어가.
꼼짝없이 허상 속에 갇혀버린다.

현존은 비어지고,
과거의 어린 나의 절규와 공포가
나의 몸을 흔든다.

그에게로 달려가
그를 부둥켜안고 눈물 흘리면
눈물 속에 그는 비눗방울이 되어.
하늘로 사라져 간다.

변명은 곧 나의 언어가 되고,
너를 대하는 내가 된다.

나와의 대화

나와 대화한다.

나의 보이지 않는 얼굴을 향해 날마다 달려가 나를 변명한다.
변명은 곧 나의 언어가 되고,
너를 대하는 내가 된다.

사람은 자기 속에서 샘물처럼 흘러나오는,
때론 지진처럼, 느닷없는
말들에 대답하며, 타협하며, 생각을 만들고, 어느덧
삶의 길을 만든다.

그래서 타인은 없다. 다만 자기 속에서 말을 걸어오는 어른거리는 불안한 그림자를
내속에 부둥켜안기 위해
날마다 나의 얼굴을 마주하고 있을 뿐이다.

발가락

발가락이 아프다.
일상은 발가락 한 개의 아픔으로 뒤틀려졌다.
아침의 싸한 공기 속으로 내닫던 나의 발은
움츠리며, 자동차를 향한다.

자그만 아픔은
내가 가는 길의 방향을 바꾸어 놓고, 내가 마주하는 세계를
바꾸어 놓았다.
평소에 가지 않던 길 위로
펼쳐지는 새로운 풍경은
누군가의 일상이었고,
누군가의 생계였으며,
누군가의 평생이었을지도 모른다.

시간의 길에서 우리는 벗어날 수 없다.
매트릭스처럼 우리는 세계에 갇혀 있고.
시간은 늘 앞으로만 향한다고 세뇌되어 있다.
시간의 끝은 우리가 살던 세계의 절벽이다.
허상의 끝과 실체의 그림자는 맞닿아 있을까.

발가락이 아프다.

아픔은 이 세상이 끊임없이 실제라는 것을 상기시
키고.
나는 세상의 모퉁이에 삐딱하게 서서
세상 밖에서 불어온 푸른 바람의 소리를 듣는다.

세계

세계는
만든 신과 만들어진 신과의
경계에서 반짝이는 구슬 같다.

세계는 우리 안에 있을 뿐
우리를 담고 있는 세계로 가는 문은
밀폐된 알처럼 닫혀 있다.

우리 안의 세계는
빛과 어둠이 늘 교차하고.
상징과 허상의 깃발 아래
견고한 벽들로 둘려싸여 있다.

문득, 유년의 뜨락에 날아든
날개 빛이 푸르러서 눈부셨던
파랑새를 기억한다. 새의 비상을 꿈꾸며.
시지프스의 하루는
저문다.

관측자의 오류

버스를 잘 못 탔다.
내린 거리는 낯설고,
하늘은 흐리다.
내가 이 그림 속으로 걸어 들어온
뒤로 그림은 실제가 되어 움직이기 시작하는 것일까.
아니면 늘 돌아가는 실제 위에 내가 놓여진 것일까.

인식되는 시간과 공간은
한 점뿐이다.

한 점 한 점
서로 다른 시간을 사는
사람들과
교차하며
거리를 빠져 나온다.

페르소나 (persona) 2

우리는 얼마나 두꺼운 가면을 쓰고 살아가는 것인가.

타인의 눈이
어둠 속 달빛처럼 나를 따라다니는 것 같아
보편의 가면으로 날마다 얼굴을 가린다.

가면 속에서
얼굴은 빛을 잃고 생기를 잃어간다.

내가 누구인지, 무엇을 하고 싶은 건지
희미해지고,
보편의 옷을 입고,
빈 껍데기의 말을 하며,
욕망의 강물이 흘러가는 데로
떠다닌다.

감정은 존재의 내면을 드러내고.
따스한 눈빛은 영혼을 드러내고
사랑은 우리가 온 고향을 드러내는데

우리는 얼마나 두꺼운 가면 뒤에 숨어서
서로를 알아보지 못하고,

바람이 나무를 스치듯
서로를 떠나 보내는 것일까.

우리가 가는 길이 아니라
길이 우리를 데리고 가는 것

우리는 무엇으로 살아가는가

우리는 무엇으로 살아가는가.

우리에게 주어진 세계는 이미 열려 있지만
빛이 가기 전
깜깜한 어둠 속에 잠겨 있고.
우리는 그 어둠을 두려워한다.

아침에 눈을 뜨면
현재라는 시간의 물위로 떠올라.
반복하며, 정오의 태양을 향해 떠내려 간다.

우리가 가는 길이 아니라
길이 우리를 데리고 가는 것

우리는 무엇으로 살아가는가.

허상의 알을 깨고 나와
찬란한 하늘을 향해 날개를 펴는
그날을 기다리며

어둠에 잠긴 시간 속으로
꺼지지 않는 촛불을 들고
나아간다.

존재의 빛

누구나 빛나는 순간이 있다.
빛을 받아서 반짝이는 것과는 사뭇 다른
빛이 사람 안에서 성큼 솟아오를 때가 있다.
그때 우리는 직감한다.
그는 우리의 인식의 등불 아래로부터 사라져,
인식되지 않는 세계에 가 있다는 사실을.

우리는 얼마나 많은
허상의 그림자들에 둘러싸여 살아가는가.
눈감고 귀 기울이면, 스르르 사라져 버리는 안개.
새벽을 깨우는 정체 모를 걱정과 두려움.
무거운 그림자, 우리 모두를 가두는 보편의 갑옷.

우리는 얼마나 우리 안의 빛이 새어 나올까
두려워하며,
인공의 빛을 받기 위해
분주하게 세상을 떠도는 것인가.

양자물리학의 인문학적 해석

그대의 시선이 나를 향해 따스하게 머물 때
나는 그대 앞에 빛나는 입자로 존재한다.

그대의 시선이 나를 떠나, 다른 곳으로 향할 때
나는 파동이 되어 그대 곁을 맴돈다.

외로움

처음엔
그대의 거친 말에 내 온 존재가 흔들리는 충격을 느꼈다.

그리고
그대의 말에 나의 말이 충돌하며 굉음을 내었다.

그리고, 많은 시간이 지난 후
비로소, 그대의 말에서 그대의 존재를 보았다.
빛 들지 않는 차가운 땅 위에
홀로 뿌리내리고,
따뜻한 눈길, 말 한마디가
간절한 그대의 쓸쓸한 눈빛을…

우리는 모두 외롭다.
그 외로움은
뜨거운 눈물이 되지 않으면,
존재를 흔드는 울부짖음이 된다.

한 점

세상에 동시에 존재하는 것은 없다.
우주에서 온 별빛의 시간이 서로 다르듯.
지금 옆에 있는 사람과 사물이 사는 시간도
나와 다르다.

서로 다른 생각을 하며, 다른 세상을 살아도.
함께인 것 같은 것은
우리가 가는 곳이 같아서일 것이다.
다른 길들이 모여서 어느덧 한 점에서 만나듯
너와 나 머언 어느 한 점에서
빛나는 한 점으로 만날 것이다.

그래서 우리
외롭다 말자, 너와 나, 서로 다른 별에서 온
다른 나이를 가진 빛이라 해도,
이 곳에서 한 점으로 만나 더욱 밝은 빛으로
타오르고 있지 않는가.

이 지구에서, 만나지 못한 빛들은
또 다시 낯선 우주를 돌며 먼 여행을 하리라.

상징

상징은 우리의 의식을
결박한다.

근원을 알 수 없는 상징들의 덫에 걸린
인간이 해방될 수 있는 길은 없을까.
상징은 몸과 연동되어 견고한 세계를 구현하고.
그 누구도 그 세계로부터 자유를 꿈꾸지 못한다.

모두가 꿈을 꾸듯
상징의 힘에 이끌려 다니며,
텅 빈 존재로 유영하는 거리.

상징의 세계 밖에서
빛으로 가득 찬 존재를 만나고 싶다.

빛 그리고 중력

사람은 누구나 시공간의 여정 속에 고독하게 존재하지만
그 여정 속에서 우리는 서로 만나거나 엇갈리며,
서로에게 배경이 된다.

빛이 중력을 만나 휘어지듯.
삶의 어느 순간 우리도 누군가의 중력이 되어
그가 또는 내가 가는 시공간면이 달라진다.

우리는 빛으로 이 세상을 여행하지만
또 우리는 누군가에게 중력이 되어,
또 다른 우주로
누군가의 길을 바꾸어 놓는다.

꿈

하루 하루 살아가는 날들이 꿈같다.
실제 꿈일지도 모른다.
꿈속의 꿈일지도 모르고
그래서 꿈에서 깨어나도 꿈속에 있을지도 모른다.

세계는 스크린 속에 갇혀 있다.
스크린 밖의 세계도 어쩌면 더 큰 스크린 안의 세계
일지도 모른다.

시간은 직진한다고 하지만
브라운운동을 하는 입자들처럼
좌표가 없는 공간에서 직진이란 자기체면일 수도
있다.

그럼에도 불구하고.
몸은 모든 것이 여기 있다고 말한다.

그러나
존재는 말한다.
여기에 있는 모든 것은 몸이 만든 허상이라고.

상징과 상상

빛이 들지 않는.
상징과 상상이 만든 허구의 세계 속에서
시간이 멈춰버린
사람들, 시공간의 한 점에서 깃발처럼 서 버린 존재.

스스로를 묶고 있는 상징의 뾰족한 탑 위에서
아슬하게 서 있는 사람들.
한 발짝 나아갈 수는 없는 것일까.

누구도 가보지 않은 물위의 길.
어둠 속, 상상이 만든 허상은
빛이 오면 사라진다.

내 속의 샘

세계는 긴장된 비눗방울처럼 위태롭다.

매일 아침, 쏟아지는 활자들과
날 선 소리들이, 무너져 내린 빙산이 되어
삐딱하게 떠 다니는 일상의 바다.

충돌은 항상 예상된 아픔보다 더 아프고,
사람들은 아픔을 피하기 위해
서로의 눈을 마주하지 않는다.

눈감고 귀 막고
내 속에서 솟아나는 말씀의 샘이 만드는
물길을 따라 가만히 살아가고 싶다.

꽃

그대, 흐르는 물로 살아가지 말고
꽃으로, 환한 꽃으로 살아가라.

그대, 스쳐가는 바람으로 살아가지 말고
나비로, 찬란한 나비로 살아가라.

살아있는 순간은 빛이 와 닿는 시간.
그대 고유한 빛깔과 향기를 뿜어내며
한없이 살아가라.

빛이 사라지면,
다시 물과 바람으로 흩어지리니.
그대, 삶의 순간에
그대만의 결로
한없이 살아가라.

Epilogue

 글들을 정리하다 보니, 다소 다듬어지지 않은 원형의 것들이 거칠게 읽혀져서, 어쩌나 고민이 되었는데, 그대로 두기로 했다. 다듬는 작업자체가 원래의 의미를 희석시키는 듯해서이기도 하고, 결핍된 모습이 오히려 나답다는 생각이 들어서이다.

 상징의 해체는 인간성을 회복시키고, 나와 너가 아닌 우리라는 통합성을 증강시키며, 더 나아가 우리에게 늘 따라다니던 그림자가 정오의 햇살아래 완전히 사라지는 환희도 가져다 준다. 존재의 자유함과 참 의미는 인간에 의해, 만들어진 신 아래 있지 아니하고, 인간을 만든 하나님 안에 있음을 생각의 긴 터널을 나오며 발견한다. 하나님 안에 있을 때, 인간을 움직이던 상징들의 중력들이 잠잠히 사라지는 것을 깨닫는다. 인간이 만든 선과 악, 권력과 명예, 신, 그리고 물질적 상징들에 대한 갈망과 두려움이 하나님의 사랑 안에서 무력화됨을 바라본다.

   그리고, 긴 터널을 빠져 나와, 다시 길을 나선다. 봄날 오후 햇살이 찬란하게 열어주는 길을 따라. 빛과 바람과 함께 여정 없는 길을 걷는다.

   나의 하나님께 감사 드리며, 항상 많은 격려를 아끼지 않는 아내와 문학바탕의 곽혜란 대표님에게 감사를 표합니다.

상징과 상상

초판 1쇄 발행일　2020년 3월 11일

지은이　박노혁
펴낸이　곽혜란
편집장　김명희

도서출판 문학바탕

주소　(06151) 서울시 강남구 테헤란로 323 휘닉스빌딩 1008호
전화　02)545-6792
팩스　02)420-6795

출판등록　2004년 6월 1일 제 2-3991호

ISBN　979-11-86418-43-7　　03810

정가　10,000원

* 이 책의 저작권은 저자와 문학바탕에 있으며 이 책의 전부 또는 일부를 이용하시려면 저작권자의 서면동의를 받아야 합니다.

* 이 책은 국립중앙도서관, 국회도서관 홈페이지에서 검색 가능합니다.

* 문학바탕, 필미디어는 (주)미디어바탕의 출판브랜드입니다.

이 도서의 국립중앙도서관 출판예정도서목록(CIP)은 서지정보유통지원시스템 홈페이지(http://seoji.nl.go.kr)와 국가자료종합목록 구축시스템(http://kolis-net.nl.go.kr)에서 이용하실 수 있습니다. (CIP제어번호 : CIP2020009713)